LES ANCIENNES ÉCOLES

DE

DÉCLAMATION DRAMATIQUE

NOTICE HISTORIQUE

PAR

Constant PIERRE

COMMIS PRINCIPAL AU SECRÉTARIAT DU CONSERVATOIRE NATIONAL DE MUSIQUE

OFFICIER D'ACADÉMIE

PARIS

TRESSE & STOCK, ÉDITEURS

8, 9, 10, 11, GALERIE DU THÉATRE-FRANÇAIS

PALAIS-ROYAL

1896

LES ANCIENNES ÉCOLES

DE

DÉCLAMATION DRAMATIQUE

DU MÊME AUTEUR

Les Noëls populaires (Extrait de la *Revue britannique*). 1886. In-8°.

La Marseillaise. Comparaison des différentes versions. Variantes de la mélodie, du rythme et de l'harmonie, 1887. 1 br. in-8°. (Éd. Sagot.)

Histoire de l'Orchestre de l'Opéra, couronnée en 1889 par la Société des compositeurs de musique.

La Facture instrumentale à l'Exposition de 1889. NOTES D'UN MUSICIEN SUR LES INSTRUMENTS A SOUFFLE HUMAIN. 1890. 1 vol. gr. in-8°, de XII-316 pages avec 60 gravures. (Librairie de l'Art indépendant.)

Les Facteurs d'Instruments de Musique, les Luthiers et la Facture instrumentale. Précis historique. 1893. In-18 de XIV-440 pages. (Éd. Sagot.)

Musique exécutée aux Fêtes nationales de la Révolution française. Étude historique comprenant les hymnes et chants pour chœur et orchestre en partition, avec réduction au piano, 1893-1894. 1 vol. gr. in-8°. (A. Leduc.)

Le Magasin de décors de l'Opéra, rue Richer, son histoire (1781-1894). 1894. 1 br. in-8° avec gravures et un plan. (Bibl. de la *Revue dramatique*.)

Le Magasin de Musique à l'usage des Fêtes nationales et du Conservatoire suivi de l'historique du magasin de *Cherubini, Méhul et C*ie et du catalogue des publications pour les fêtes nationales et le Conservatoire. 1895. 1 vol. in-8° de XI-168 pages. (Fischbacher.)

B. Sarrette et les Origines du Conservatoire national de Musique et de Déclamation, 1895. In-8° de X-196 pages avec portraits. (Delalain frères.)

L'École de Chant de l'Opéra (1672-1807), d'après des documents inédits. 1895. In-8° de 30 p. (Tresse et Stock.)

L'École royale de Chant (1784-1795).

La Musique des Gardes françaises (*L'Art musical* du 20 nov. 1893).

L'Éditeur Ballard contre A. Campra (*Idem*, 1893, n°s du 14 déc. et suiv.).

Les anniversaires du 21 janvier, sous la Révolution (*Idem*, 1894, n°s du 18 janv. et suiv.).

La Musique à la fête du 14 juillet 1794 (*Revue dramatique et musicale*, 1893-1894, p. 608).

LES ANCIENNES ÉCOLES

DE

DÉCLAMATION DRAMATIQUE

NOTICE HISTORIQUE

PAR

Constant PIERRE

Commis principal au Secrétariat du Conservatoire national de musique

OFFICIER D'ACADÉMIE

PARIS

TRESSE & STOCK, ÉDITEURS

8, 9, 10, 11, GALERIE DU THÉATRE-FRANÇAIS, PALAIS-ROYAL

1895

Tous droits réservés.

LES ANCIENNES ÉCOLES

DE

DÉCLAMATION DRAMATIQUE

I

LE PROJET DE LEKAIN, BELLECOUR ET PRÉVILLE

(1756)

L'opéra-comique cause de la pénurie de comédiens et de la décadence de l'art
de la déclamation. Mémoire de Lekain et projet d'école (1756).

Une des premières préoccupations de Lully en prenant la
direction de l'Académie royale de musique, fut de pourvoir
au recrutement de son personnel chantant par la création
d'une École propre à former les sujets dont il avait be-
soin (1672).

Longtemps, la Comédie Française fut exempte de semblable
souci. Les nombreux théâtres de province formaient, selon
l'expression de Lekain, « une milice réelle, de laquelle on
pouvoit tirer les meilleurs sujets pour compléter la troupe
du Roi ». L'avenir semblait donc assuré, et nul ne songeait
à poser les bases d'un enseignement rationnel de l'art de la

déclamation dramatique, non plus qu'à la nécessité éventuelle d'écoles spéciales pour l'instruction des jeunes acteurs.

Un événement imprévu vint tout à coup troubler cette quiétude. A peine né, l'opéra-comique qui, de nos jours, devait recevoir une rude atteinte de l'opérette et du drame lyrique, menaçait l'art pur du tragédien et du comédien en détournant nombre d'acteurs par les succès faciles qu'il leur apportait.

Effrayés de cette perspective, trois des plus éminents sociétaires de la Comédie Française, Lekain, Bellecour et Préville, jetèrent ce cri d'alarme :

« L'expérience démontrera que les jeunes gens de l'un et de l'autre sexe regardent le talent de la déclamation comme un art purement accessoire au nouveau genre de l'opéra-comique, qui s'est introduit en France depuis cinq ans (1752). Il n'est, en effet, que trop bien prouvé que cette fureur entraîne toute notre jeunesse, et qu'elle n'estime sa fortune bien fondée qu'en apprenant à fredonner quelques airs d'opéra-bouffon, pour avoir droit à un supplément de gages qu'elle n'aurait jamais eu sans ce petit mérite.

» Il en résulte que la facilité du genre, que des succès très aisés à obtenir, que l'espoir d'une fortune prompte, leur font négliger la partie essentielle de leur art, au point d'abandonner même les principes de leur langue, qu'ils corrompent en chantant, et les notions les plus communes de leur métier. »

Telles sont les raisons qui déterminèrent les trois artistes susnommés à rédiger le *Mémoire précis tendant à constater la nécessité d'établir une École royale pour y faire des élèves qui puissent exercer l'art de la déclamation dans le tragique, et s'instruire des moyens qui forment le bon acteur comique*, qu'ils adressèrent, le 4 septembre 1756, aux premiers gentilshommes de la chambre du roi, dont ils dépendaient. D'autres considérations intéressantes y sont exposées, sur lesquelles nous ne pouvons nous étendre *(a)* ; résumons plutôt le projet de statuts et de règlement joint audit mémoire ; il offre un curieux point de comparaison avec les dispositions réglementaires adoptées postérieurement par la première Ecole royale de déclamation et par le Conservatoire.

Une somme annuelle de 20.000 livres était respectueusement sollicitée du roi sur la caisse de ses menus plaisirs, pour subvenir : 1° à la pension alimentaire de quatorze élèves (8 hommes et 6 femmes) ; 2° aux appointements de trois professeurs donnant chacun une leçon par semaine à tous les élèves ; et 3° aux frais accessoires. On demandait en outre la permission de faire élever un petit théâtre dans la grande salle du Palais du Luxembourg pour exercer les élèves, et la libre disposition, lors des examens qui devaient avoir lieu en présence des premiers gentilshommes de la Chambre pour la constatation de leurs progrès, des habits défraîchis déposés aux magasins des Menus-Plaisirs.

L'âge minimum d'admission devait être fixé à seize ans pour les hommes et à quatorze pour les femmes, lesquels ne pouvaient être choisis que parmi les aspirants bien organisés, d'une figure honnête, de mœurs douces et d'une taille avantageuse, autorisés par leurs parents. Le « noviciat », c'est-à-dire la durée des études, ne devait pas excéder trois années, à l'expiration desquelles les deux meilleurs sujets — un homme et une femme — auraient reçu une pension viagère de deux cents livres avec le brevet de « pensionnaire du roi et d'élève de l'École royale dramatique. » Pourvus de ce brevet, les élèves avaient la faculté de contracter des engagements dans les provinces du royaume si leurs services n'étaient pas momentanément utiles dans la troupe du Roi, et ils conservaient le droit de préférence sur tous autres, en cas de vacance dans leur emploi, à charge pourtant de justifier de

---

(a) Cf. *Mémoires de Lekain*, Paris, 1801.

leurs capacités et de leurs progrès. Naturellement, interdiction était faite d'avoir « égard aux offres que l'on pourrait leur faire pour chanter dans les opéras-comiques », ce genre étant le plus incompatible « avec ce qu'on appelle la *bonne comédie* ». La privation de la pension, la radiation du registre des élèves et l'annulation du brevet étaient les peines encourues par les contrevenants à la teneur de cette convention.

Soit que le pessimisme des auteurs du projet ne fût pas partagé, soit que la dépense fit obstacle à sa réalisation, les choses restèrent en l'état.

A défaut d'école publique entretenue par le Gouvernement, des comédiens tenaient école privée ou du moins enseignaient à quelques élèves particuliers. Ils y étaient encouragés officiellement, et lorsqu'ils présentaient à la Comédie des sujets remarquables, ils recevaient une pension de cinq cents livres sur le trésor royal; la concession en était ordonnée par décision des premiers gentilshommes de la chambre du Roi. Quelques arrêtés rendus à cet effet de 1766 à 1769 sont conservés aux Archives nationales; voici la teneur de celui qui fut pris à la date du 9 novembre 1766, en faveur de Molé, professeur de la demoiselle Favier :

« Nous, duc d'Aumont, pair de France, etc.; duc de Fleury...; maréchal de Richelieu...; duc de Duras...; en conséquence du règlement de Sa Majesté concernant les élèves de la Comédie française, avons accordé au sieur Mollé, comédien, la somme de cinq cens livres de pension pour avoir élevé au théâtre la d^lle Favier et l'avoir mise dans le cas d'être accueillie favorablement du public. »

Lekain reçut dans des conditions identiques, le 24 mars 1769, une pension de même somme pour la réception de Mlle Vestris.

II

L'ÉCOLE ROYALE DRAMATIQUE DIRIGÉE PAR PRÉVILLE

(1772)

L'école de Préville subventionnée sur la cassette royale. Hostilité de certains person-nages de la cour et des sociétaires de la Comédie Française. Représentation donnée aux Menus-Plaisirs par les élèves. Mlle Contat. Disparition de l'école, ses causes. Autre projet en 1783.

Une nouvelle tentative pour la formation d'une école royale fut faite en 1771 par Préville, l'un des signataires du mémoire précité. Cette fois, les négociations furent longues et diffi-ciles; les péripéties nous en sont dévoilées succinctement par Papillon de la Ferté, intendant des Menus-Plaisirs, qui fut mêlé à ces affaires et a laissé un journal où sont relatés les divers incidents de sa gestion (b). J'ai fait un mémoire, écri-vait-il à la date du 11 décembre 1771, « pour l'établissement d'une École dramatique dont le sieur Préville a donné le projet ». Celui-ci impliquait subsidiairement la réunion à la Comédie Française des privilèges des comédies de Versailles, de Compiègne et de Fontainebleau, pour faire une seconde troupe suivant la Cour, placée sous la direction de Préville, et « d'où l'on tirerait pour l'avenir des sujets pour la Comédie Française. »

De la Ferté rédigea son mémoire selon les vues du maré-

(b) E. Boysse. *Journal de Papillon de la Ferté* in-8° 1887.

2

chal de Duras, l'un des premiers gentilshommes de la chambre du Roi, sous la haute direction desquels se trouvait la Comédie-Française; mais, personnellement, il émit un doute sur l'utilité de l'École, et, comme il avait une propension à l'économie, il s'ensuit qu'il la combattit. Il ne fut pas d'ailleurs le seul opposant: plusieurs des hauts fonctionnaires de la Cour ne dissimulèrent pas leurs intentions hostiles, et le ministre même vit avec beaucoup de peine ce projet, dans lequel on voulait englober les spectacles suivant la Cour. Informés par de la Ferté des dispositions de ce dernier (d'après le rapport que M. de Chouzy, premier commis de la maison du Roi, lui en avait fait), les premiers gentilshommes chargèrent l'intendant des Menus d'entretenir Mme Dubarry de cette affaire et de la prier de réagir sur l'esprit du ministre. Sa réponse fut qu'elle ne voulait point fâcher le duc de la Vrillière, mais qu'elle espérait que, par amitié pour elle, il voudrait bien consentir à un arrangement. L'intendant de la Ferté se réjouissait de l'opposition que faisait le ministre, non seulement parce qu'il était naturellement enclin à ménager les deniers des Menus, dont il avait la charge, mais parce que l'adoption intégrale du projet détournait Préville de son métier au détriment de la Comédie, en le mettant dans l'impossibilité de servir convenablement à la fois et sa société et le public, obligé qu'il aurait été de diriger une troupe hors Paris (11 avril 1772).

L'affaire paraissait abandonnée, quand le maréchal de Duras remit à Papillon de la Ferté, stupéfait, le privilège de l'École dramatique accordé à Préville, en le priant de faire un nouveau projet de brevet que M. de Chouzy devait soumettre au ministre, « ce qui va faire encore l'objet de nouvelles discussions », ajoute mélancoliquement l'intendant des Menus (3 décembre 1772).

Le succès de Préville était très relatif, car on ne lui concédait qu'une faveur temporaire, le brevet n'étant valable

que pour trois ans. Après cette période d'essai, ledit privilège
pouvait lui être retiré par les premiers gentilshommes, « s'ils
n'étaient pas contents ». Néanmoins, c'était déjà quelque
chose que d'avoir fait reconnaître le principe d'une école
dramatique et d'avoir obtenu du roi les douze mille livres
nécessaires à son fonctionnement. Les envieux et les adversaires de ce système d'enseignement n'avaient plus qu'à se
résigner; toutefois l'on verra plus loin que quelques-uns ne
désarmèrent point (c).

Ne pouvant détruire ce qui existait officiellement, ceux
qui mettaient la question d'art au-dessus des intérêts particuliers cherchèrent à enlever au privilège de Préville son
caractère de favoritisme en y associant d'autres personnalités
artistiques et en augmentant les moyens d'instruction pro-
fessionnelle. Le duc de Duras, pour consolider l'œuvre à
laquelle il fut acquis l'un des premiers, désirait que Lekain
fût un des maîtres de l'École dramatique. C'était de toute
justice, car ce comédien de talent avait apporté d'heureuses
réformes dans l'art théâtral et formé personnellement un
certain nombre d'élèves; de plus, il était l'un des plus an-
ciens et des plus estimés sociétaires de la Comédie, et c'est
à lui que revenait l'honneur d'avoir émis le premier projet
d'École spéciale. Le duc demanda donc son admission avec
3.000 livres d'appointements. Cette proposition fut cause
d'une discussion avec le doyen de ses collègues, le duc
d'Aumont. Celui-ci fit remarquer qu'il en coûtait assez au
Roi pour cette entreprise, en laquelle il n'avait pas grande

(c) La date précise de l'ouverture de cette École n'est pas connue. Le privilège ayant été délivré en décembre 1772, il est probable qu'elle commença à
fonctionner l'année suivante. M. Ourry, qui rassembla les éléments des Mémoires de Préville et de Dugazon, fixe dubitativement sa création à l'année 1774
(*Collection de mémoires sur l'art dramatique*, 1823, p. 60). La représentation que
donnèrent les élèves le 9 mars 1774, sur le théâtre des Menus, prouve l'anté-
riorité.

confiance (24 février 1774). Le duc de Duras ne fut point convaincu, car quelques jours après (7 mars), en envoyant un état du nombre de sujets devant composer l'École, avec les conditions d'âge, de physique, etc., et l'ordre de faire préparer le théâtre des Menus-Plaisirs pour y entendre les élèves le surlendemain, il faisait remettre à l'intendant de la Ferté un mémoire pour prouver la nécessité d'adjoindre Lekain à l'École. De La Ferté, qui faisait son possible pour ménager la susceptibilité des deux gentilshommes, le communiqua au duc d'Aumont ; vains efforts, peines perdues : celui-ci ne voulut pas se déjuger, et le célèbre tragédien mourut en 1778 sans avoir eu la satisfaction de voir récompenser son initiative (d).

Conformément à l'ordre reçu, les élèves de l'École dramatique représentèrent le 9 mars 1774, sur la scène de la rue Bergère, *Tartuffe* et *la Pupille*. Parmi les assistants se trouvaient le maréchal et le duc de Duras, ainsi que de La Ferté, qui reconnut de bonne grâce que la plupart des élèves avaient montré beaucoup d'intelligence et de dispositions.

Ce résultat aurait pu rallier de nouveaux partisans au comédien-professeur, si l'examen de la seconde partie de son projet, évidemment par trop gros de conséquences, n'était venu raviver la lutte et augmenter l'hostilité. Il s'agissait, on se le rappelle, de réunir à la Comédie Française les privilèges des théâtres de Versailles, Compiègne et Fontainebleau, donnés à Préville pour y placer les élèves de son école et les faire entrer ensuite à la Comédie Française. Une réunion, à

(d) Cette information, extraite des *Mémoires secrets* à la date du 27 juin 1774 : « Les comédiens Lekain et Préville viennent d'obtenir un privilège pour une « école de déclamation dont ils seront les professeurs : le premier pour le tra- « gique et le second pour le comique », semblerait contredire notre affirmation. Le silence de La Ferté à ce sujet, et les détails qui vont suivre, prouvent que le rédacteur des Mémoires a pris un projet pour la réalité.

laquelle se trouvèrent Préville et son collègue d'Alainval, eut lieu le 11 décembre 1774 chez M. de Chouzy, à l'effet de discuter la combinaison du premier, patronnée par le duc de Duras. Préville proposa trois solutions qui parurent toutes comporter de grands inconvénients, soit parce qu'il n'y avait pas de chances que la Comédie Française voulût courir les risques d'une telle entreprise, soit parce que le déficit probable serait retombé sur le Roi et parce qu'il eût fallu dédommager les propriétaires desdits privilèges. On décida donc de demander au duc de Duras, par l'intermédiaire de d'Alainval, la liberté pour Préville de traiter avec les propriétaires de ces privilèges pour les exploiter à ses risques et périls et y faire passer ses élèves, afin qu'on pût juger de leur talent. Quand le maréchal de Richelieu eut connaissance de ces pourparlers, il fit demander des explications à de La Ferté sur le mémoire du duc, et il « se mit fort en colère contre Préville », disant que cet acteur cherchait à se faire nommer directeur de la Comédie Française et déclarant qu'il s'opposerait à l'exécution de ce projet ridicule, et lui ferait retirer son emploi de directeur de l'École dramatique, « onéreuse au Roi ». Enfin, par précaution, il envoya de La Ferté à la Comédie, signifier de ne rien faire sans l'en informer. Précaution inutile, car du côté des comédiens, ses camarades, Préville ne fut pas mieux traité. Lorsque d'Alainval leur donna lecture des susdites propositions, ils se récrièrent contre, de la manière la plus vive et la plus tumultueuse, accusant Préville de trahir la compagnie en voulant créer une seconde troupe à leur préjudice. Sur ces entrefaites, Molé, « peut-être prévenu par M. le Maréchal », remarque insidieusement de La Ferté, arriva et lut un long mémoire pour démontrer l'inutilité des projets et de l'école de Préville, ainsi que les avantages qu'offraient les troupes de province pour former des sujets. Ce mémoire était « écrit avec force et en homme de l'art », dit de La Ferté ; ajoutons qu'en le rédigeant, l'auteur s'était certainement souvenu de l'humiliation qui lui avait été infligée à la suite de sa discussion avec Madame Préville (e). L'argumentation n'était assurément pas des plus justes, ni des plus impartiales ; mais elle tendait à une conclusion qui répondait à l'opinion générale, et se justifiait par l'obligation où se trouvaient les sociétaires de défendre leurs intérêts. La lecture de Molé fut souvent interrompue par les applaudissements. L'on décida ensuite de la renouveler chez le duc de Duras, et même de soumettre le mémoire au roi et à la reine ; cependant on s'en tint à la communication au duc de Duras. Le malheureux Préville recueillait les fruits d'une imprudente et peut-être trop personnelle ambition.

Après tous ces déboires, l'heureux début de Mlle Contat (1776) lui apporta quelque consolation. Cette jeune artiste n'était point encore en possession du merveilleux talent qui lui conquit plus tard la faveur du public, il est vrai, et ses dons naturels la servirent beaucoup ; mais il ne s'ensuit pas qu'elle ne dût rien aux leçons de son maître et qu'il ne fût pour quelque chose dans son succès. Par malheur, c'est la seule élève dont Préville eût à se prévaloir, et dans ces conditions, ses adversaires avaient la partie belle pour diminuer la gloire de l'École. Elle ne tarda pas à rentrer dans son obscurité, subsistant péniblement (sans que l'on sache au juste si c'est par insuffisance de méthode ou défaut d'organisation), jusqu'à ce que l'occasion s'offrit de la supprimer. On la trouva dans la guerre d'Amérique (1778). Cela paraît d'autant plus étrange que l'on ne voit guère aujourd'hui le rapport qu'il pouvait y avoir entre cet événement et une question artistique, et l'on aurait peine à croire à la réalité de ce motif, si nous n'étions en mesure de l'appuyer par un document authentique. Une nouvelle proposition de création d'École

(e) A ce sujet consulter les *Mémoires secrets*, t. VI, 25 novembre 1772.

pour la Comédie Française ayant été faite, de la Ferté écrivit
au ministre, le 20 août 1783, une lettre que nous croyons
inédite, où il donne — dans un but facile à deviner — des
détails confidentiels sur la tentative de Préville et se déclare
l'auteur de sa ruine, tout en attribuant à la guerre une
part de ce résultat :

« A l'égard de l'école de la Comédie, je vous dirai, pour
vous seul, Monseigneur, que si on la confie au sieur
Préville comme la première fois et qu'on ne s'en occupe
pas davantage, elle sera tout aussi peu utile, et c'est
moi qui ai été cause de sa destruction à cause de cela et *par
la guerre* ; il en a coûté 33.000 livres pour l'éducation de
Mlle Contat, qui est la seule qui soit sortie de cette école, et
qui n'était pas trop bonne quand elle a débuté au Théâtre
Français... »

De ce qui précède, il ressort clairement que l'École succomba autant par sa médiocrité que par l'opposition que son
directeur rencontra, peut-être par sa faute ! L'expérience
n'était pas concluante, car, encore qu'elle fût à la charge du
Trésor royal, cette école n'était autre qu'une entreprise privée,
exceptionnellement favorisée, et son échec ne devait pas être
infailliblement fatal au principe. Avec le temps, l'idée avait
germé ; rien ne s'opposait donc à ce qu'elle fût reprise plus
tard sur d'autres bases, et, partant, avec de meilleures
chances de réussite.

C'est dans cet espoir qu'un nouveau projet fut formé en
1783, comme on l'a déjà vu dans la lettre précitée ; mais avec
ses habitudes de lésinerie, l'intendant Papillon de la Ferté
s'éleva encore contre l'augmentation de la somme demandée,
sans laquelle il n'était guère possible pourtant de faire œuvre
utile : « Il paraît que l'on demande 18.000 livres pour cela,
— disait-il, dans la susdite lettre au baron de Breteuil —

mais il me semble que 12.000 suffiront, car en donnant 6.000 livres aux différens maîtres, il en resterait 500 pour douze élèves... » Finalement, on fit si bien que, de tergiversations en tergiversations, il se passa plusieurs années sans qu'une solution intervînt.

III

L'ÉCOLE ROYALE DE DÉCLAMATION

(1786-1789)

La musique vient au secours de la déclamation ; cours accessoires confiés à des professeurs de l'École royale de chant, locaux et objets communs. Idées de Molé sur l'établissement de l'École, soumises à Préville.

Fondation de l'École royale de déclamation en 1786 : Molé, Dugazon et Fleury, professeurs. Règlement. Ouverture de l'École ; travaux. Admission de Talma, rôles qu'il étudie. Adjonction d'une classe de grammaire et de prosodie. Exercices et représentations par les élèves en présence des premiers gentilhommes de la Chambre. L'étude de la tragédie et de la comédie obligatoire pour l'admission à la Comédie-Française. Débuts de Talma, il reprend sa place à l'École. Abus signalés. La famille du duc d'Orléans visite l'École avec Mme de Genlis. Mlle Raucourt fait jouer ses élèves sur le théâtre des Menus. Fermeture de l'École (1789). Rétablissements et suppressions au XIXe siècle.

Coup d'œil sur le répertoire des études au XVIIIe siècle.

La musique, qui avait failli causer la décadence de l'art du comédien — du moins on l'en avait accusée — vint à son secours en facilitant la réalisation des projets qui avaient tant de peine à prendre corps.

L'insuffisance de l'École de chant de l'Opéra, dite du *Magasin* (*f*), avait amené le gouvernement à fonder, au commencement de l'année 1784, un établissement indépendant de l'Académie royale de musique, pour l'instruction des sujets destinés à cette scène et à la musique du roi. Il avait son siège à l'hôtel des Menus-Plaisirs, rue Bergère, et ressortis-

(*f*) *L'École de chant de l'Opéra*, par Constant Pierre (Tresse et Stock, éditeurs, 1895),

3

sait au ministère de la maison du roi, sous la gestion de l'intendant des Menus et l'autorité des premiers gentilshommes de la chambre. Gossec en était le directeur artistique.

L'École royale de musique fonctionnait depuis deux ans dans ces conditions ; ne pouvait-on créer, pour la déclamation, une institution analogue, empruntant à la première une partie de ses éléments, afin de rendre la nouvelle moins dispendieuse ? L'enseignement, moins complexe, n'exigeait pas un corps professoral bien nombreux ; divers locaux et partie du matériel pouvaient être communs sans inconvénient, de même que certains agents subalternes, quelques professeurs et le haut personnel administratif. Tout concourait donc heureusement à la réalisation du projet si longtemps en suspens. On le comprit enfin, nous en trouvons la preuve dans ce passage d'un manuscrit conservé aux archives de la Comédie Française, qui nous a été obligeamment communiqué par M. Georges Monval, à défaut du factum contre Préville et son école lu par Molé en 1774, objet de notre demande : « Il faudra prier M. de la Ferté d'ordonner au » maître de langue française de (l'école de) l'Opéra, de recevoir » et d'enseigner les élèves de la Comédie Française ; de même » au maître de danse, pour faire marcher et enseigner la » révérence aux élèves du Théâtre Français : de même à » l'ami Donadieu pour mettre hommes et femmes sous les » armes. » Les deux premiers maîtres cités ne sont pas nominalement désignés, (g) ; mais le nom du dernier, professeur d'escrime à l'École royale de chant dès sa création (h), suffit

(g) L'une de ces omissions est réparée dans un des paragraphes suivants du manuscrit, en ce qui concerne Deshayes, maître de danse à l'École royale de chant en 1784.

(h) V. la liste du personnel enseignant dans les *Mémoires secrets pour servir à l'histoire de la République des lettres*, t. 26. 22 mai 1784.

D'autres documents, manuscrits et imprimés, fournissent des renseignement confirmatifs. Nous citons seulement ceux qui sont le plus à la portée du lecteur.

à établir que l'on avait bien l'intention de recourir aux offices
d'une partie du personnel de cette dernière, pour l'école de
déclamation projetée dont nous allons nous occuper.

Ni le titre du manuscrit en question : *Idées jettées au hazard
sur l'établissement de l'École*, ni son contenu n'indiquent sa des-
tination exacte, sa date et son auteur. Ces points obscurs
s'éclaircissent, certains faits relatifs à l'École de chant étant
connus. Ainsi, par déductions tirées des termes du premier
paragraphe, nous pouvons affirmer qu'il fut écrit entre le
1er avril 1784 — date de l'ouverture de ladite école de chant
— et le 31 mars 1786, époque de la retraite de Préville. En
outre, à propos de la fixation des jours de leçons, il est dit:
« Celles de Molé pour l'Opéra (école étant sous-entendu comme
» précédemment), sont les mardy et les samedy. Molé propo-
» seroit pour lui le jeudy. Il prieroit le papa Préville de choisir
» le sien dans les quatre autres jours... ». Or, il est avéré que
Molé appartint à l'Ecole royale de chant à la création (i), et
que, d'autre part, Préville se retira du théâtre à la date ci-
dessus, de sorte qu'il ne put remplir les fonctions que lui
réservait ce projet, quand il fut mis à exécution dans le
mois qui suivit son départ de la Comédie. C'est donc avec
certitude que l'on peut placer l'époque de la rédaction dudit
document dans la période 1784-86 susmentionnée. Quant à
l'auteur, si le texte nous laisse seulement deviner que c'est
Molé lui-même, la comparaison de l'écriture avec d'autres
pièces autographes signées ne permet pas le moindre doute
sur l'identité.

Parcourons donc ces pages où le célèbre comédien a noté
les vues qu'il soumettait « au cher papa Préville », si fort
malmené par lui dix ans auparavant, mais auquel il témoi-
gnait alors de profonds sentiments d'estime et d'amitié. Il

(i) *V. Mémoires secrets,* loc. cit. et *Correspondance de Grimm,* octobre 1784 : « Le
sieur Molé qui, depuis six mois, enseigne la déclamation dans nos nouvelles
écoles de chant. »

n'est pas d'ailleurs sans intérêt de connaître quelles étaient les idées que professait cet artiste en matière d'enseignement, quels moyens il préconisait pour faire œuvre utile et pourvoir au recrutement de la Comédie Française. Quelques-unes des mesures proposées pour arriver à ce dernier résultat, caractéristiques de l'époque, sembleront quelque peu arbitraires et inapplicables aujourd'hui. Par contre, on en verra d'autres qui se sont perpétuées, soit dans leur intégralité, soit avec certaines modifications nécessitées par le temps.

L'école devait se composer de deux professeurs spéciaux, Préville et Molé, donnant chacun une leçon par semaine aux mêmes élèves, contrairement à ce qui se passe actuellement au Conservatoire, où chaque professeur ne s'occupe que d'un certain nombre de sujets. Sans nous prononcer en faveur de l'une ou l'autre méthode, constatons que la première avait au moins un inconvénient dont Molé se rendit compte, sinon dans toutes ses conséquences, du moins en ce qui concerne les rapports entre les professeurs, et spécialement dans le cas de divergences de vues sur le mode d'interprétation. La raison avouée paraît être dans l'intérêt de l'élève ; en réalité, il s'agissait bien plus de ménager l'amour-propre ou la susceptibilité des maîtres : « Pour que les élèves ne soient pas trop souvent » interrompus, le seul professeur dont ce sera le jour aura » le droit de parler aux élèves ; l'autre, s'il lui plaît de s'y » trouver, ne pourra faire part de ses observations que tout » bas au professeur en activité ce jour-là, qui, à sa volonté, » transmettra ou non la réflexion dont son camarade lui » aura fait part. » Adressée directement à l'élève, ou à voix basse au professeur, l'observation n'entraînait-elle pas une interruption ? L'argument aurait donc été spécieux, s'il n'avait eu pour but de déguiser un motif plausible que l'on n'osait pas invoquer ouvertement.

Avec un pareil système, l'accord le plus complet sur toutes les questions devait nécessairement régner entre les susdits ;

aussi Molé réclamait-il, en cas de décès de l'un d'eux, le droit
absolu, pour le survivant, de choisir son collaborateur :
« Comme il est de nécessité première et indispensable qu'il
» y ait entre les deux professeurs rapport de talens, de
» vues, amitié, confraternité, union, concorde, égards, et que,
» sans l'une de ces qualités, cet établissement tomberoit de
» lui-même et deviendroit une source de désordre et de tra-
» casseries, les supérieurs sont supliés instamment de statuer
» irrévocablement que dans le cas de la mort d'un d'eux, du
» sieur Préville ou Molé, le choix de l'adjoint à succéder
» appartiendra absolument au survivant ; faisant observer
» aux supérieurs combien il seroit pénible et fâcheux pour
» l'un d'eux qu'après avoir formé cet établissement avec
» union, amitié, égards et instante uniformité de talens, le
» survivant fût obligé de se retirer, ou fût découragé par
» l'adjonction forcée d'un associé dont l'humeur, les procédés
» et les vües de talens ne pourroient pas lui convenir. Ainsi,
» il est d'un intérêt essentiel au soutien même de cet éta-
» blissement qu'il lui soit laissé le pouvoir de proposer aux
» supérieurs une ou plusieurs personnes, pour que son adjoint
» le seconde avec autant d'amitié que de zèle et de recon-
» noissance. »

Voilà qui ne tendait rien moins qu'à mettre l'École à l'en-
tière discrétion des deux comédiens. Le privilège de Préville
avait semblé excessif autrefois à Molé; il ne pensait plus de
même, dès l'instant qu'il était admis à le partager. Cet artiste
ne se dissimulait pourtant pas les difficultés qu'il rencontrerait
pour obtenir une telle prérogative; mais en le constatant
quelques pages plus loin, il n'abandonne rien de ses préten-
tions, et fait de ce droit une des conditions de prospérité de
l'institution : « Sans quoi, écrit-il, l'école ne subsistera pas
» après la défection de l'un de nous deux ou deviendra une
» pétaudière horrible. » Disons de suite que le trop pessimiste
Molé n'eut pas satisfaction sur ce point, et qu'il accepta néan-

moins de faire partie, avec deux autres de ses collègues, de l'École créée peu après.

Le soin d'enseigner les principes de la poésie française et la prosodie était réservé dans le projet de Molé à un nommé Parizot (j), qui devait de plus, « perpétuer en l'absence des » maîtres, les conseils donnés par eux sur l'objet de talent. » Un autre de ses offices, consistait à donner les répliques ; cependant on reconnut qu'il serait « d'une assez bonne pratique de les faire donner par les élèves ».

Les pensionnaires de la Comédie étaient tout désignés pour former le noyau de l'École ou, pour dire comme l'auteur des *Idées*, « le premier fonds. » Obligation leur était faite d'y venir jusqu'à leur réception ou leur renvoi. En sus, chaque professeur avait la faculté de présenter ses élèves particuliers, sous la condition qu'après avoir été agréés, ils cesseraient d'appartenir à l'un ou à l'autre et seraient élèves de l'École. L'inscription au tableau des élèves devait se faire au choix alternatif des professeurs, la priorité appartenant naturellement à Préville qui avait à désigner le premier, Molé le second, et ainsi de suite. Pour les futurs aspirants, l'ordre de présentation était adopté.

Les obligations qu'il était question d'imposer aux élèves étaient plus exclusives que celles du projet de Lekain : « Les » supérieurs seront supliés d'obtenir du ministre un titre res- » pectable qui ôte à jamais le pouvoir aux élèves du roy de » proffiter des talens qu'ils auront reçus à son École pour les » porter sur aucuns théâtres publics, soit forains, soit des » boulevards, soit dans la banlieue, entendant Sa Majesté » n'établir cette école que pour ses théâtres royaux, les villes » de son séjour et la province. » Cette interdiction était passablement rigoureuse, et Molé doutait lui-même qu'elle pût être acceptée : « Ce qui me paroit le plus difficile à faire

____

(j) N'était-ce pas Pierre-Germain Parisau, comédien et auteur du *Prix académique* représenté le 28 août 1787, qui mourut en 1794 à l'âge de 42 ans ?

» statuer d'une manière stable et permanente, c'est la deffense
» aux élèves devenus libres à la fin de leur engagement, de
» jouer sur aucun théâtre forain... » Le règlement de 1786 lui
démontra que sous ce rapport ses craintes étaient chimériques ;
il était de l'intérêt de la Cour qu'il en fût selon son désir.

La délivrance des ordres de début par les premiers gentilshommes de la chambre formait un point complémentaire
auquel Molé attachait beaucoup d'importance : « Il sera libre
» à qui le voudra de faire des élèves ; mais les supérieurs s'en-
» gagent unanimement à ne point donner d'ordres de début
» pour quelque considération que ce soit, que les élèves de
» diverses personnes, soit comédiens françois ou autres,
» n'aient passé au moins douze jours de leçons à l'École en
» présence des sieurs Préville ou Molé, et les élèves soit de
» l'École, soit d'autres maîtres, n'auront point d'ordre de
» début, ainsi que nos supérieurs veulent bien le promettre
» autentiquement pour l'honneur même de leur établissement,
» que sur l'attestation des deux professeurs, qu'ils sont en
» état de débuter. Pour obvier aux complaisances person-
» nelles de chacun des deux professeurs, il sera indispensable
» que l'attestation pour obtenir l'ordre de début soit signée
» des deux. » Cette mesure avait pour but de réserver les
droits des élèves de l'École, de n'admettre aux avantages du
début que des sujets offrant une garantie suffisante, et d'em-
pêcher les premiers gentilshommes de céder aux instances
dont ils étaient l'objet en faveur d'acteurs médiocres. Elle fut
également approuvée, mais nous ne jurerions pas qu'elle ait
été fidèlement observée.

En ce qui concerne le plan d'études, les notes de Molé ne
sont pas très étendues. Elles prévoient que le nombre de
sujets dans chaque emploi entrainera la mise en répétition
de plusieurs pièces, et elles établissent qu'à défaut de pièces
sues à faire jouer, on aurait recours à des scènes détachées,
chaque élève ayant droit à une demi-heure de leçon.

Il ne convient pas de s'arrêter sur les autres paragraphes relatifs à des questions secondaires, telles que la discipline et la police des classes; l'interdiction de laisser pénétrer dans le salon du théâtre les étrangers, les parents et amis des élèves; la règle à suivre pour les entrées des élèves aux représentations de la Comédie Française; l'offre de donner des conseils « aux acteurs ou actrices chantans » désignés « par les supérieurs » pour le théâtre italien, « en fournissant deux » violons, une basse, un accompagnateur de *forte-piano* », comme cela avait lieu « aux leçons de chant pour l'Opéra, » etc.

Deux phrases de la citation ci-dessus, relative aux ordres de début : « mais les supérieurs *s'engagent unanimement* », et « ainsi que nos supérieurs veulent bien le *promettre authentiquement* », attestent que la création de l'École était décidée en principe depuis quelque temps. Ce paragraphe, extrait du même manuscrit de Molé, vient le corroborer d'une façon précise, en faisant connaître le personnel choisi : « Il sera » indiqué un jour au théâtre des Menus, en présence de » Monseigneur le maréchal de Duras, de M. de la Ferté, de » M. des Entelles, des sieurs Préville, Molé, Parizot, du sieur » Deshayes, du sieur Donadieu, du maître de langue, pour » présenter les élèves aux supérieurs, les inscrire en leur » présence, recevoir des supérieurs les ordres relatifs à la » police de l'école, leur lire la formule de leur engagement, » le leur faire signer et partir de ce jour pour mettre l'école » en activité. » Les *Idées* émises par Molé étaient donc la conséquence de cette décision. Le délai qui s'écoula jusqu'à ce qu'elle devînt définitive en fit amender ou abandonner quelques-unes, et, à cette date, Préville et Parizot n'étaient plus en mesure de remplir les fonctions prévues.

C'est le maréchal duc de Duras qui obtint du Roi la création de l'École, et cela « à l'instigation des comédiens et sur-» tout de Mme Vestris, qui le subjugue toujours », dit l'auteur des *Mémoires secrets.* Quoi qu'il en soit, le service des Menus-Plaisirs s'augmenta d'une École royale de déclamation tout à fait distincte de l'École de chant, ayant son autonomie propre. Les motifs qui décidèrent en faveur de son établissement et le but que l'on se proposait, sont résumés dans l'almanach *les Spectacles de Paris pour 1788* : « Monseigneur le maréchal, » duc de Duras, convaincu que les différens genres de spec-» tacles nouvellement adoptés par le public, surtout dans les » provinces, avoient presque éteint le goût et détruit l'atten-» tion des spectateurs pour la tragédie et pour la comédie, » que les acteurs, peu accueillis et découragés, privés d'ému-» lation, perdoient leurs talens, oublioient les traditions, et » substituoient des caricatures puériles ou vicieuses à la » beauté simple et vraie de la nature, a obtenu des bontés » du roi, l'établissement d'une École dramatique à l'hôtel des » Menus-Plaisirs du roi, sous la protection des premiers » gentilshommes de Sa Majesté (*k*) ».

Il n'y eut pas de directeur; Molé, Dugazon et Fleury, alors chefs d'emploi à la Comédie Française, nommés professeurs, agissaient de concert. Ils se réunirent le 24 mai 1786, chez M. Maréchaux des Entelles, intendant des Menus-Plaisirs, en survivance depuis 1775, (alors adjoint au commissaire général de la Ferté), pour élaborer un projet de règlement dans lequel Molé fit prévaloir quelques-unes des idées

(*k*) Le personnel enseignant était ainsi composé, suivant ledit almanach : « *Pour la déclamation :* Molé, rue du Sépulcre; Dugazon, quai des Théatins; Fleury, rue des Fossés M. le Prince. *Mythologie, Histoire et Géographie :* Des Essarts, rue de Vaugirard, 111. *Langue française :* Delaporte, secrétaire, rue des Francs-Bourgeois. *En scène avec les élèves :* Marsy, rue des Fossés-Saint-Germain-des-Prés. » L'almanach pour 1789 cite en plus : M. Marchand, rue du Théâtre-Français, près la Place, comme *maître de danse pour les formes théâtrales.* » Enfin, dans les volumes des deux années, on lit ensuite : « Les élèves de l'École royale dramatique ne pourront prendre ce titre et mériter la confiance de MM. les directeurs de province que lorsqu'ils auront obtenu, par leur assiduité, leur travail et leur progrès, un certificat signé par MM. Molé, Dugazon et Fleury. »

exposées dans le manuscrit qui vient d'être analysé. Organisation, fonctionnement, régime, furent définis en quinze articles que nous allons résumer en quelques lignes, bien qu'ils soient restés inédits ; il importe plus ici d'en connaître l'esprit que les termes exacts.

Les professeurs donnaient leurs leçons à l'hôtel des Menus-Plaisirs trois fois par semaine, à tour de rôle, suivant le système préconisé trente ans plus tôt par Lekain et repris par Molé : Dugazon, les mardis ; Molé, les jeudis ; et Fleury, les samedis, de onze heures à une heure (art. 1ᵉʳ). Ils s'étaient adjoint comme répétiteur Delaporte, secrétaire de la Comédie-Française, qui avait pour mission de se rendre à l'École une heure avant le professeur pour préparer les sujets et leur faire étudier les rôles sur lesquels ce dernier devait donner ses conseils (art. 2) ; Delaporte était en outre chargé de tenir un registre relatant, jour par jour, ce qui se passait à l'École (art. 10). C'est grâce à ce document que nous pouvons donner de nombreux détails, ignorés jusqu'ici, concernant cet établissement.

Le nombre des élèves à recevoir était fixé à douze (art. 3), âgés au moins de quatorze ans (art. 14). Leur inscription ne devenait définitive qu'au bout de trois mois, après constatation de leurs aptitudes et de leurs progrès (art. 4), (*l*).

Une allocation en espèces leur était attribuée par le Roi, sur le compte rendu des professeurs (art. 5). Ceux-ci ne devaient amener à l'École « aucun étranger à la chose » (art. 6), et les parents ou conducteurs des élèves étaient tenus de rester au foyer pendant les leçons, (art. 7).

Lors de l'admission, l'élève signait une promesse formelle de ne jamais s'engager sur aucun des petits théâtres, et de n'accepter d'engagement pour la province qu'autant qu'il y serait autorisé par les premiers gentilshommes de la chambre,

---

(*l*) Cette disposition est encore en vigueur pour toutes les classes du Conservatoire (art. 40 du Règlement de 1878.)

sur l'avis favorable des professeurs (art. 8). De même, les ordres de début n'étaient délivrés que sur la production d'un certificat signé des trois professeurs (art. 9) (*m*).

Mensuellement il était fait une répétition générale servant d'examen, pour juger des progrès des élèves (art. 11) et, tous les premiers du mois, les trois professeurs s'assemblaient au Théâtre Français, dans la loge de Molé, pour y conférer du régime de leurs travaux (art. 13). Enfin, l'exclusion était prononcée contre tout sujet ayant manqué trois fois aux leçons (art. 12), ainsi que le comporte encore le règlement du Conservatoire.

L'ouverture de l'École pouvait se faire immédiatement, les professeurs ayant proposé la candidature de sept aspirants ou aspirantes : MM. Henri Baron, Talma ; Mlles La Chassaigne, Baron Dumont, Foin, de Guersin (Des Garcins) et Duchange (art. 15). Elle eut lieu seulement le dimanche 18 juin, sans apparat, contrairement au désir exprimé par Molé en ses notes. Cette première séance fut consacrée à l'audition des candidats. Ceux-ci se présentèrent, à l'exception de Talma et de Mlle Duchange, remplacés numériquement par M. Boulard qui avait débuté au Théâtre-Français, le 16 mai précédent, dans les rôles de Gros-René et de Patelin, et Mlle Giverne. On les entendit dans les œuvres suivantes :

Mlle de Guersin :	*Iphigénie ;*
— La Chassaigne :	*Le Dissipateur* (rôle de Cidalise);
— Foin :	*Zaïre ;*
— Giverne :	*Tartuffe* (rôle de Dorine);
M. Baron :	*Les Folies amoureuses* (rôle de Crispin);
	Heureusement (rôle de Lindor.)

(*m*) De nos jours, les élèves de chant et de déclamation sont également liés par contrat; ils s'obligent à donner, pendant deux années, leur concours aux théâtres subventionnés par l'État, s'ils sont réclamés par l'un des directeurs. La coutume est assez ancienne; voir, à ce sujet, notre opuscule, *l'École de chant de l'Opéra.*

Le programme comportant à la fois, pour chaque élève, des exercices particuliers et des exercices d'ensemble, on convint, pour ces derniers, de mettre à l'étude *Nanine*, que l'on distribua séance tenante.

A dater du mardi 20 juin, les leçons commencèrent et se poursuivirent ainsi qu'il a été dit précédemment. Nous ne suivrons pas, page à page, le journal des travaux de l'École; cela serait tout aussi inutile que peu intéressant. Contentons-nous de noter les faits les plus saillants.

Le 13 juillet, celui qui devait être le grand Talma, abandonnant définitivement la profession paternelle, fit sa première apparition à l'École et répéta Xipharès de *Mithridate*. Il avait vingt-trois ans. Travailleur acharné, en moins de six mois il prend quarante leçons et joue quatorze rôles. Tour à tour il interprète, dans le domaine de la tragédie : Xipharès de *Mithridate*, Hippolyte de *Phèdre*, Achille d'*Iphigénie en Aulide*, Oreste d'*Iphigénie en Tauride*, Séïde de *Mahomet*, Vendôme d'*Adélaïde Duguesclin*, le grand brahmine de *la Veuve du Malabar*, Orosmane et Nérestan de *Zaïre*, Egisthe de *Mérope*, Pyrrhus d'*Andromaque*. Ce n'est qu'à la fin de l'année qu'il aborde la comédie pour participer aux exercices d'ensemble; il joue alors Valère de *l'École des maris*, Éraste des *Folies amoureuses*, et Valère de *Tartuffe*. Les années suivantes ne furent pas moins laborieuses; nous en parlerons en lieu et place.

Une école pour la déclamation était chose trop nouvelle pour qu'il ait été permis d'imposer une règle, quant aux époques d'admission. Aussi se montrait-on très accueillant; les aspirants étaient examinés à mesure qu'ils se présentaient, et il n'y eut guère de séance où l'on n'entendît quelque nouveau prosélyte. Nous comptons 23 hommes et 25 femmes pour le second semestre de l'année 1786. Il est probable, en raison du petit nombre de candidats, que l'on ne se montrait pas fort exigeant sous le rapport des capacités.

A partir du 2 décembre, l'enseignement s'augmenta d'une nouvelle branche. Delaporte, qui depuis le 2 septembre avait été suppléé par Marsy (*n*) dans ses fonctions de répétiteur, commença des leçons de grammaire française et de prosodie (réservées à Parizot dans le projet primitif), qu'il continua les mardis et samedis de 9 heures à 11 heures, et Marsy fut confirmé dans l'emploi qu'il avait rempli provisoirement.

Le lendemain, le maréchal de Duras, qui s'était vivement intéressé à la première tentative de Préville, et dont la nouvelle était en grande partie l'œuvre, assista à la leçon. Les élèves jouèrent des scènes de *Phèdre*, du *Dissipateur*, de *l'École des maris* et de *Tartuffe*, à sa grande satisfaction, et il en fit compliment aux professeurs.

Mais ce n'était là qu'un exercice faisant partie du travail courant de l'École. Une séance extraordinaire, véritable représentation composée d'importants fragments d'ouvrages classiques, eut lieu le mercredi 13 décembre, en présence des hauts fonctionnaires de la Cour et de divers invités : le maréchal de Duras, M. de la Ferté, M. des Entelles, M. Suard, les professeurs, MM. Saint-Fal, Naudet et Dunant. En voici le programme :

Iphigénie en Aulide (2e et 4e actes).

Achille. . . , ...	M.	Talma.
Eriphile	Mlles	Élisabeth.
Iphigénie.		Guersin.
—		Germaine.

Les Folies amoureuses (1er acte).

Albert	MM.	Genest (*o*).
Eraste		Talma.
Crispin.	Mlles	Boulard.
Agathe.		Masson.
Lisette		Leclerc.

(*n*) Tenait l'emploi des raisonneurs et des confidents. Avait débuté à la Comédie Française, le 6 décembre 1776 ; reçu pensionnaire, ses appointements furent portés à 3.000 livres avec 1.000 livres de gratification en 1783. En 1789 il recevait 1000 livres de traitement à l'École.

(*o*) Fit partie de la troupe de la rue Richelieu en 1791.

Tartuffe (2ᵉ acte).

Orgon	MM. Gérard (*p*).
Valère	Talma.
Marianne	Mˡˡᵉˢ Guersin.
Dorine	Dumont.

Tancrède (scènes I, II et III).

Argire	M. Naudet (*q*).
Aménaïde	Mˡˡᵉ Guersin.

Médée (scènes) . . . .   Mˡˡᵉ Couturier.

Les Trois Cousines (scènes). . . Mˡˡᵉ Giverne (rôle de la meunière).

Le Joueur (scènes).

Nérine	Mˡˡᵉ Dubois (*o*).

Andromaque (scènes).

Pyrrhus	M. Madinier (*r*).

Quinze élèves, on le voit, subirent l'épreuve du public — restreint, mais choisi — et deux d'entre eux, Talma et Mˡˡᵉ Guersin, montrèrent leurs aptitudes sous divers aspects. La spécialisation à un emploi n'était guère pratiquée autrefois, tout au moins durant les études; le programme ci-dessus en donne un léger aperçu, et le registre tenu par Delaporte nous le démontre sans conteste. D'ailleurs l'étude des différents genres devint bientôt une condition absolue pour tous les

(*o*) Fit partie de la troupe de la rue Richelieu en 1791.

(*p*) Venait de Rouen et de Toulouse; pensionnaire du Théâtre-Français, où il avait débuté le 9 mars 1784.

(*q*) J.-B. Julien Marcel Naudet, né en 1743, appartint aux troupes de Versailles et Saint-Germain; il débuta à la Comédie le 22 septembre 1784. Son fils Joseph, qui naquit le 8 décembre 1786, fut membre de l'Institut.

(*r*) Le 7 janvier 1793, Antoine Madinier, élève de l'École dramatique, fit remettre par Dazincourt, à l'assemblée des comédiens français, une demande « d'une petite place parmi ses maîtres et bienfaiteurs. » On lui répondit que la situation de la Comédie ne permettait pas de « multiplier ses accessoires ».

(Communication de M. Monval.)

élèves. L'histoire de l'année 1787 s'ouvre en effet par cette addition au règlement ainsi formulée à la date du 13 janvier :

« Messieurs les premiers gentilshommes de la chambre
» mettent pour condition d'être conservés à l'École dramatique,
» que les élèves s'exercent dans le comique, comme dans le
» tragique. Sans ces deux moyens d'utilité, ils peuvent être
» sûrs de ne jamais entrer à la Comédie Française. »

Était-ce une conséquence de l'exercice du 13 décembre précédent ? Rien ne nous autorise à l'affirmer ; nous ferons remarquer cependant cette mention du secrétaire : « Nota. Il » a été arrêté aujourd'hui 23 décembre (1786) par M. Fleury » que Mlle Élisabeth se consacrera au genre comique pendant » quelque temps et Mlle Dubois aux amoureuses. »

Avant de poursuivre le récit des faits de l'année 1787, observons que le maximum d'élèves était dépassé ; de jour en jour le nombre d'assistants s'était accru et avait bientôt atteint la vingtaine, nombre qui devait plus que doubler en 1789.

Dès le commencement de l'année on mit à l'étude une tragédie, une comédie et deux petites pièces pour être jouées devant les premiers gentilshommes de la chambre à la fin de février. En même temps, le 19 janvier, les professeurs procédèrent à la distribution d'*Athalie*, qui devait être donnée pendant la clôture de Pâques avec le concours des « élèves de l'Opéra » pour la partie musicale. Quatre répétitions générales eurent lieu du 11 mars au 11 avril, avec les interprètes suivants : Naudet *(Joad)*, Talma *(Abner)*, La Pierre *(Azarias)*, Madinier *(Ismaël)*, Marsy *(Mathan)*, Rogat *(Nabal)* ; Mlles Couturier *(Athalie)*, Guersin *(Josabeth)*, Masson *(Zacharie)*, Leclerc *(Salomith)*, Dubois *(Agar)* et Simon *(Joas)*. Les chœurs étaient chantés par les élèves de l'École royale de chant ; c'est ce qu'il faut entendre par la désignation « d'élèves de l'Opéra », et ceci nous porte à croire que ce fut la musique écrite par Gossec, leur directeur, pour les représentations de Fontainebleau (3 novembre 1785) et de Versailles (avril 1786), que l'on exécuta.

Parmi les autres ouvrages montés dans le courant de l'année, signalons *le Barbier de Séville*, dans lequel Talma remplit le rôle d'Almaviva, *la Réconciliation normande*, *l'Enfant prodigue* et *les Trois Cousines*.

Un auditoire nombreux et élégant se pressait à la représentation du 8 novembre. Mentionnons seulement le maréchal de Duras, qui suivait assidûment les travaux de l'école, M. des Entelles, M. Suard, MM. des Essarts, Gérard, Naudet, Saint-Prix et Mlle Contat, alors dans tout l'éclat de son talent. Le programme, à deux exceptions près, ne se composait que de scènes détachées ; il mit en relief plusieurs élèves dont quelques-uns ont été déjà cités :

1. M. Talma,	rôle de Rodrigue, *le Cid*.
2. Mlles de Guersin,	— Chimène, *le Cid*.
3.	Giverne,	— la baronne, *Le Chevalier à la mode*, la meunière, *Les Trois Cousines*.
4.	Masson,	— Henriette, *Les Femmes savantes*.
5. MM. Madinier,	— Théramène, *Phèdre*.
6.	Delaporte (fils),	— Gros-René, *le Dépit amoureux*.
7. Mlles Leclerc,	— Marinette, *le Dépit amoureux*.
8.	Couturier,	— Athalie, *Athalie*.
9.	Josset, (s)	— Angélique, *la Gouvernante*.
10.	Dumont,	— Cleanthis, *Démocrite*.
11.	Binot,	— Marianne, *Dupuis et Desconais*.
12.	Dubuisson,	— la comtesse, *l'Amant bourru*.

En cette occasion, les honneurs de la séance appartinrent à l'élément féminin. A l'exception de Mlle Dumont (t), qui avait

(s) Fit partie de l'Odéon en 1799 (Porel et Monval, *l'Odéon*, p. 190.).

(t) Justine Baron-Dumont, arrière-petite-fille du fameux Baron, devînt la femme du compositeur L. Jadin ; sa mère avait débuté dans l'emploi des soubrettes le 15 décembre 1767.

effectué ses débuts quelques mois avant cet exercice (le 1er
mars 1787), la plupart de ces élèves parurent sur la scène
du Théâtre Français dans le courant de l'année 1788 :
Mlle Masson le 11 février (elle fut reçue sociétaire à quart
de part en 1791); Mlle Leclerc le 8 mai (soubrette); Mlle de
Guersin, ou mieux Louise de Garcins, le 24 mai (rôle d'Ata-
lide de *Bajazet*, qui devint sociétaire et mourut en 1797);
Mlle La Chassaigne (Charlotte) le 12 août (elle était fille du
prince de Lamballe et d'une sociétaire de la Comédie dont
elle portait le nom, avait joué les rôles d'enfant en 1782
dès l'âge de neuf ans, sous le nom de Lolotte) et Mlle Giverne,
le 11 septembre (rôles de caractère). Mlle Couturier, d'abord
élève de M. Antoine, débuta le 2 mai 1789 par Mérope.
L'apparition de Mlle de Garcins souleva un enthousiasme
général; rappelée bruyamment, elle parut « conduite par un
» des maîtres de l'École, M. Molé, qui a joui d'une des plus
» douces récompenses du talent en voyant les transports
qu'excitait cette jeune élève », nous dit un annaliste.

Mais trêve de digression ; n'anticipons pas davantage.

L'événement le plus marquant de l'année 1787 se passa en
dehors de l'École, mais elle peut en revendiquer entièrement
le bénéfice. Il s'agit des débuts de Talma au Théâtre-Français,
le 21 novembre. On sait combien ils furent brillants! Aussi
grands qu'aient été les mérites personnels du débutant, il
serait injuste cependant de ne pas reporter une partie de son
succès sur ses maîtres et sur l'École. Un contemporain qui
ne fut pas précisément tendre pour cette dernière — le rédacteur anonyme des *Mémoires secrets*, déjà cités — en a d'ailleurs
convenu : « Il fait honneur à cette école et prévient très
» favorablement pour une institution qui peut être aussi
» utile ». Nous n'avons pas à rappeler ici ce que l'on sait sur
l'éminent artiste dont nous nous occupons en ce moment,
notre étude devant se limiter aux quelques détails que l'on
ignore encore; toutefois on nous permettra de reproduire

l'appréciation du chroniqueur précité; elle fera mieux ressortir ce qu'il y a de louable dans l'acte que nous rapporterons ensuite : « ... Il vient de débuter, il y a quelques jours, le
» premier élève connu de cette École, le sieur Talma : il a eu
» du succès dans le tragique et dans le comique : il joint aux
» dons naturels une figure agréable, une voix sonore et sen-
» sible, une prononciation pure et distincte : il sent et fait
» sentir l'harmonie des vers; son maintien est simple, ses
» mouvements sont naturels; surtout il est toujours de bon
» goût et n'a aucune manière, il n'imite aucun acteur et joue
» d'après son sentiment et ses moyens... »

On s'imaginera sans doute qu'après un tel succès, le jeune triomphateur se crut suffisamment exercé et en état de dire adieu à ses maîtres. Il n'en fut rien, et d'ailleurs c'eût été contraire à l'usage du temps; la réception à la Comédie n'avait lieu qu'après des débuts plusieurs fois renouvelés. Talma revint donc modestement à l'École et continua de prendre les leçons des maîtres dont il avait un instant partagé les applaudissements. Il avait paru le 21 novembre sur la première scène du monde. Le 22 il remontait sur le petit théâtre des Menus, et reprenait l'étude du rôle dans lequel il avait débuté avec tant d'éclat; le 25, il repassait Orosmane de *Zaïre*. Deux jours après, nouveau début dans *la Veuve du Malabar* (le grand brahmine); le lendemain, revision à l'École du rôle d'Euphémon fils, de *l'Enfant prodigue*, qu'il joua le jour suivant avec Valère de *l'École des maris* pour son troisième début, et le 30, quatrième apparition dans Nérestan (*Zaïre*). Pendant plus de six mois encore, Talma fit ainsi alterner ses études avec le service du théâtre.

Dans le cours de 1787 il avait revu plusieurs rôles répétés l'année précédente : Xipharès de *Mithridate*, Hippolyte de *Phèdre*, Séide de *Mahomet* (dans lequel il avait paru premièrement devant le public du Théâtre-Français), Egisthe de *Mérope* et Pyrrhus d'*Andromaque*. Il aborda pour la première fois ceux de

Gaston de *Gaston et Bayard*, d'Abner d'*Athalie*, de Guzman d'*Alzire*, de Rodrigue du *Cid*, d'Ilus de *Zelmire*, de Saint-Albin du *Père de famille*, d'Almaviva du *Barbier de Séville*, de Valère de *Tartuffe*, de Léandre du *Sage étourdi*, d'Arviane de *Mélanide*, et de Sainville de *la Gouvernante*.

Après ses débuts, Talma étudia les ouvrages suivants : *l'Enfant prodigue* (Euphémon fils), *Iphigénie en Tauride* (Pylade), et en 1788 : *la Coquette corrigée* (Eraste), *Ariane* (Thésée), *la Jeune Indienne* (Belton), *l'Impromptu de campagne* (Eraste), *Cinna* (Maxime). Citons encore *les Plaideurs, George Dandin, Mélanie, le Legs, l'Anglais à Bordeaux, le Séducteur, l'Ecossaise*, etc. En outre, il repassa plusieurs ouvrages déjà mentionnés. Quelques rôles le retinrent longtemps ; il en est sur lesquels il revint deux et trois années de suite, tels Xipharès, Hippolyte, Séide, Nérestan, Egisthe.

Somme toute, Talma ne négligea rien pour développer ses qualités naturelles, acquérir une solide instruction et perfectionner son talent. C'est un bel exemple à proposer à nombre de nos jeunes artistes. Il figure pour la dernière fois, le 31 mai 1788, sur le registre de l'école ; en cette ultime leçon il travaille le rôle de Guzman, dans *Alzire*.

Il n'avait fallu rien moins que le début retentissant de Talma pour attirer l'attention du public et des annalistes sur l'Ecole de déclamation, dont l'existence était ignorée du plus grand nombre. Mais toute médaille a son revers, et celui-là même qui avait prodigué l'éloge à l'élève, ne ménagea pas les critiques à l'institution : « Suivant le règlement — disait-» il — on ne devrait y admettre aucun sujet qu'avec des pré-» cautions très sages, et l'on n'y devrait point garder ceux qui, » après un examen suffisant, ne montrent pas des dispositions » dont on puisse attendre du succès. Mais on sait à quoi ser-» vent en France les règlements, même dans les corps les » mieux disciplinés ; à plus forte raison on conçoit combien

» ils peuvent dégénérer dans un tripot comme la Comédie
» Française. »

C'était dur, et probablement injuste. On ne peut nier que
dans un établissement ressortissant à quantité de hauts fonctionnaires, il n'y eût quelques faveurs imméritées dues à
l'influence de leurs relations mondaines, artistiques ou galantes. Mais, ainsi que nous l'avons déjà dit, dans l'état de
nouveauté de cette École, pouvait-on faire autrement et se
montrer rigoureusement inflexible ?

Un autre chroniqueur vit dans l'École un avantage aussi
singulier qu'inattendu : « Un avantage de cet établissement,
» c'est qu'une foule de jeunes gens de l'un et de l'autre sexe,
» qui prennent tous les jours pour le talent des dispositions
» équivoques ou une facilité d'imitation très commune, souvent
» même le seul goût de l'indépendance, y seront bientôt dé
» trompés de leur illusion et pourront rentrer dans des profes
» sions où ils exerceront des talens utiles. » C'était par trop
demander de sagesse aux jeunes gens qui croient quand
même à leur vocation. Bien peu se résignent à reconnaître
leur incapacité ou leur médiocrité, et combien de fruits secs,
dont nos modernes critiques font des victimes de l'École,
ne sont dévoyés que par obstination ou impossibilité de
changer de carrière !

Trente-quatre aspirants (14 hommes et 20 femmes) s'étaient
présentés en 1787 ; il y en eut à peu près autant (33), dans
le premier semestre de 1788. Une légère modification se produisit dans la répartition des sexes (22 hommes, 11 femmes).

Cette période ne diffère guère des précédentes, aussi ne
nous y attarderons-nous pas. Signalons la visite des enfants du duc d'Orléans, connu plus tard sous le nom de
Philippe-Égalité : le duc de Chartres, le duc de Montpensier,
le comte de Beaujolais et Mademoiselle, accompagnés de
Mme de Genlis, leur *gouverneur*, du chevalier de Graves et de
M. Pyerres (20 février). Le maréchal de Duras continua d'assister

aux exercices périodiques des élèves, auxquels le duc d'Aumont se rendit une fois (24 février). Le 17 avril Mlle Raucourt amena ses élèves aux Menus, où ils répétèrent, M. Dupont (*u*), les rôles d'Egisthe *(Mérope)*, d'Hippolyte *(Phèdre)*, et de Damis *(la Métromanie)*; M. Pelissier (*v*), ceux de Gros-René *(le Dépit amoureux)*, de Strabon *(Démocrite)*, et de Mondor *(la Métromanie)*. La plupart des élèves de l'École sont venus, écrivit le secrétaire sur son journal, « mais ils n'ont pu être présents, parce que l'on n'entrait point avant midi ». Quant au motif de cette répétition des élèves particuliers d'un professeur étranger à l'établissement, le registre ne nous le fait pas connaitre.

Un incendie survenu le 18 avril à sept heures et demie du soir dans le grenier au-dessus de la grande écurie des Menus, fut cause que le cours n'eut pas lieu le lendemain. L'atelier des peintres de décors et une partie des magasins furent consumés. Personne ne périt, on sauva presque tous les costumes, mais la totalité des décorations de l'Opéra qui se trouvaient aux Menus disparut dans les flammes.

Tel est le dernier fait consigné sur le registre de Delaporte, resté inachevé. Il ne faudrait pas en conclure que l'École cessa d'exister dès ce moment; elle fonctionna plus d'une année encore. Sa suppression fut inopinément résolue, ou du moins elle ne fut annoncée qu'à la veille de sa mise à exécution, ainsi qu'il appert de la lettre ci-après, adressée le 20 décembre 1789 à M. de la Ferté :

» Le Roi ayant, Monsieur, jugé que les circonstances ne permettoient pas de continuer la dépense de l'École dramatique des François, a décidé qu'elle seroit réformée à compter du 1er janvier prochain. Vous voudrés bien en conséquence

(*u*) Denis Rougeault de la Fosse, dit Dupont, né vers 1767, débuta le 17 mars 1791; reçu sociétaire en 1792, il se retira en l'an VI et mourut vers 1822.

(*v*) Faisait partie du Théâtre de l'Impératrice en 1810. (L'*Odéon*, loc. cit., p. 249).

faire retrancher cet article de l'état des dépenses des Menus pour l'année 1790.

» J'ai l'honneur, etc.

COMTE DE SAINT PRIEST. »

Quelles étaient les raisons qui motivaient cette mesure, évidemment fâcheuse? On ne nous le dit point, mais nous pouvons les trouver dans les dissentiments qui persistaient en haut lieu, comme dans les jalousies suscitées par certains comédiens, plutôt que dans les événements de 1789 puisque le Roi continua jusqu'au mois de juillet 1791, à subvenir, sur les fonds de ses Menus-Plaisirs, aux dépenses plus importantes de l'École de chant.

A l'époque de sa fermeture, l'École de déclamation comptait cinquante-quatre élèves (25 hommes et 29 femmes), suivant une liste que nous trouvons aux Archives nationales. Dans ce nombre nous voyons Talma, Madinier (deuxièmes rôles), Jeannin (rois), Delaporte fils (valets), Dufresne (confidents), Monplaisir (premiers rôles), Bouvard (rôles à manteau), Valcour (deuxième rôles) etc., et parmi les femmes, Mlles de Garcins (princesses), Giverne (caractères), Masson aînée (amoureuses), Brizard (soubrettes), Arnould (grandes coquettes), Lolotte La Chassaigne (amoureuses), Vanloo (amoureuses), Des Essarts (amoureuses), etc., etc. Plusieurs de ces élèves avaient déjà fait leurs débuts, ainsi que Talma. Non seulement, on le voit, le nombre maximum d'élèves était resté au-dessus du chiffre primitivement fixé, mais l'effectif total s'était sensiblement accru pendant la dernière année d'exercice. Ce n'est donc pas faute d'éléments que l'École succomba. C'est un sort auquel elle ne devait d'ailleurs pas échapper, car sa disparition se fût certainement produite quelque temps après, par l'arrestation en masse des Comédiens-Français (2 septembre 1793) et la dispersion qui suivit leur mise en liberté au 9 thermidor. Si au contraire elle avait pu se maintenir, peut être en eût-

il été pour elle comme pour l'École royale de chant qui,
après avoir péniblement subsisté — éclipsée qu'elle était par
l'École de la musique de la garde nationale formée à l'instigation de Sarrette — fut réunie à celle-ci lors de la constitu-
tion définitive du Conservatoire le 16 thermidor an III-3 août
1795 (x).

Ce n'est pas sans difficultés que l'enseignement scolaire de
la déclamation parvint à s'imposer, les pages qui précèdent
en témoignent ; on n'en éprouva pas moins pour le rétablir
plus tard. Il semble que l'on ait eu peine à se pénétrer de l'utilité d'écoles spéciales, par suite de cette regrettable prévention
qui ne laissait pas admettre que l'artiste dramatique pût avoir
d'autres maîtres que l'inspiration et le public. Ce n'est que
par le décret du 3 mars 1806 que deux classes de déclamation
dramatique furent annexées au Conservatoire, grâce aux dé-
marches de B. Sarrette, son fondateur, ainsi que l'éminent
comédien Samson l'a formellement reconnu dans le solennel
hommage qu'il lui rendit sur sa tombe (y). En 1827, cette
branche d'études fut rattachée au Théâtre-Français et placée
sous la direction du Commissaire royal ; elle reparut au
Conservatoire en février 1830. Le 3 septembre 1831, nouvelle
suppression ; et rétablissement — définitif cette fois — le 20 janvier 1836.

Si nous n'avions craint d'abuser par des détails superflus
pour beaucoup, nous aurions passé en revue les œuvres qui
ont formé le répertoire des études de l'École royale de déclamation pendant la période 1786-1788. Nous nous bornerons
donc à un coup d'œil rapide. On ne trouve pas moins de
108 ouvrages, tragédies ou comédies, qui se divisent en trois
séries suivant qu'ils ont été joués plus ou moins fréquem-
ment. A côté des immortels chefs-d'œuvre de Racine, de

(x) V. *B. Sarrette et les origines du Conservatoire national de musique et de déclamation*, par Constant Pierre, pages 129 et 182. (Delalain frères, éditeurs).

(y) V. Constant Pierre. *B. Sarrette et les origines du Conservatoire*, p. 170.

Corneille, de Molière, et de certains ouvrages de Voltaire, Regnard, Marivaux, Sedaine, qui longtemps encore formeront la meilleure base d'enseignement, se rencontrent nombre de pièces dont la vogue momentanée rendait seule l'étude nécessaire, telles *le Dissipateur*, *Heureusement*, *le Méchant*, *l'Oracle*. Mais combien figurent dans cette liste, dont on ne se rappelle plus seulement le titre et dont on ne soupçonne même pas l'existence ! Dans ce cas sont : *la Coquette*, *Thomas Frik*, *l'Élève de la nature*, *l'Antipathie pour l'amour*, *le Français à Londres*, *le Fat puni*, et beaucoup d'autres qu'il serait trop long d'énumérer. Il est à remarquer que parmi les grands classiques qui aujourd'hui reviennent fort souvent sur les programmes d'examens et de concours, beaucoup étaient alors négligés ou très peu étudiés. Dans cette catégorie nous voyons *Andromaque*, *Bajazet*, *le Misanthrope*, *Britannicus*, *le Cid*, *Cinna*, *le Menteur*, *etc.* C'est par curiosité pure que ces réflexions sont faites ; il ne convient nullement d'en tirer aucune conséquence, l'aptitude physique et la nature des sujets étant des éléments non négligeables pour le choix des scènes d'étude, que l'on ne saurait apprécier à distance. D'ailleurs, dans cet opuscule, notre but a été bien plus de traiter le côté historique, voire anecdotique, que de disserter sur la technique de l'enseignement.

FIN

IMPRIMERIE CHAIX, RUE BERGÈRE, 20, PARIS. — 22722-11-95. — (Encre Lorilleux)

9 782019 145897